Thomas Grosjean

Spendenparlamente

AF191209

Thomas Grosjean

Spendenparlamente

Soziales Engagement
+
Demokratische Mitbestimmung

Bibliografische Information der Deutschen Nationalbibliothek

Die Deutsche Nationalbibliothek verzeichnet diese Publikation in der Deutschen National-bibliografie; detaillierte bibliografische Daten sind im Internet über http://dnd.d-nb.de abrufbar.

ISBN 9783842336278

Herstellung und Verlag:
Books on Demand GmbH, Norderstedt

Inhaltsverzeichnis

Einleitung

„Ich spende nicht! Wer weiß, wo meine Gelder versickern!"

„Wofür meine Spende verwendet wird, kann ich nicht nachprüfen!"

Diese oder ähnliche Einwände begegnen uns jeden Tag. Möglicherweise ist es nur ein Vorwand, um den Bittenden abzuwimmeln. Andererseits ist der berechtigte Zweifel nicht von der Hand zu weisen. Die Spendenbereitschaft in Deutschland ist nach wie vor hoch. Nachrichten über hohe Verwaltungskosten, unangemessene Beratungshonorare und unklare Mittelverwendung bei Spendengeldern lassen immer wieder Zweifel und Ängste beim Spender aufkommen. Soll man deswegen sein Engagement und das Spenden einstellen? Natürlich nicht! Die Finanzierung von Projekten wird in Zukunft nicht einfacher.

Eine interessante Alternative bieten hierzu die Spendenparlamente. Hier ist Transparenz und Mitbestimmung bei der Spendenverteilung oberstes Gebot. Neben der reinen Hergabe von Geld ist der Spender zur Mitwirkung aufgefordert.

Die generelle Funktionsweise sowie Ausgestaltungen dieser Idee werden in diesem Buch beschrieben und dargestellt.

Alle Informationen und Fakten wurden nach bestem Wissen recherchiert. Bei einer möglichen Umsetzung der Idee des Spendenparlamentes ist die fachkundige Beratung durch die steuerberatenden Berufe und eine juristische Begleitung aus Sicht des Autors zwingend notwendig.

Die persönliche Haftung von mitwirkenden Akteuren sollte durch entsprechenden Versicherungsschutz auf ein Mindestmaß reduziert werden. Andernfalls kann es zur Haftung mit dem Privatvermögen kommen, wenn Schadenersatzansprüche gegenüber Organen des Vereines oder anderen Funktionsträgern gestellt werden.

Die Wiege des Spendenparlamentes

Sie steht in Hamburg. Aus der Taufe gehoben wurde die Idee im Jahre 1995 durch den Landespastor Stephan Reimers. Das Gründungsdatum 06.11.1995 ist eng verbunden mit zwei weiteren Initiativen in Hamburg, an denen Dr. Reimers maßgeblich mitgewirkt hat. Am 06.11.1993 erschien zum ersten Mal das Obdachlosenmagazin „Hinz & Kunzt" und am 06.11.1994 gründete sich die „Hamburger Tafel".

Angetrieben durch die Debatte um Transparenz im gesamten Bereich der Spenden kam die Idee in Gang. Die demokratische Beteiligung der Spender am Entscheidungs- und Verteilungsprozess der Geldmittel war der Kerngedanke des Spendenparlamentes. Darüber hinaus sollten neben den traditionellen Stammspendern in Kirchen, Vereinen und anderen gemeinnützigen Organisationen neue Personenkreise sowie Unternehmen für weitere Spenden erschlossen werden.

Im Januar 1996 gründete sich der Verein „Hamburger Spendenparlament e.V." Neben den klassischen Organen wie Vorstand und Mitgliederversammlung entstanden die zusätzlichen Organe Finanz-kommission und das Spendenparlament in der Form eines Beirates.

Aus dieser Konstellation ergeben sich auch unterschiedliche Arten der Mitgliedschaft. Einerseits kann man Vereinsmitglied gegen Zahlung des Vereinsbeitrages werden, andererseits erfolgt die Mitgliedschaft im Spendenparlament durch die vereinbarte Zahlung des festgelegten Spenden-betrages. Somit ist die Mitgliedschaft im Spendenparlament nicht an die Mitgliedschaft im Verein gekoppelt und stellt einen absolut innovativen Gedanken dar. Alle potentiellen Spender mit einer Abneigung gegen Vereine werden lediglich durch Hergabe ihrer Spende Mitglied im Spendenparlament und scheiden auch automatisch wieder aus, wenn sie zukünftig nicht mehr spenden.

Die Idee des Spendenparlamentes funktioniert in Hamburg. Dies zeigen die groben Zahlen:

Jahr	Anzahl der unterstützten Projekte	Volumen
1996	49	€ 332.000
1997	38	€ 315.000
1998	57	€ 396.000
1999	49	€ 372.000
2000	58	€ 354.000
2001	63	€ 453.000
2002	52	€ 430.000
2003	56	€ 447.000
2004	45	€ 253.000
2005*	?	?
2006	68	€ 510.000
2007**	38	€ 477.000
2008	48	€ 527.000
2009	52	€ 565.000

* keine Angaben
**Volumen aus 2 von 3 Sitzungen

Im Jahr 2010 ist das Spendenvolumen seit Gründung mittlerweile auf über sechs Millionen Euro gewachsen.

Mit diesen Geldern werden Vereine, Initiativen und Gruppierungen gefördert, die sich in Hamburg gegen Armut, Einsamkeit und Obdachlosigkeit einsetzen. Um Gelder zu erhalten ist ein Förderungsantrag an das Spendenparlament zu stellen. Dies ist jederzeit möglich.

Nach Überprüfung dieser Anträge durch die Finanzkommission entscheidet das Spendenparlament in einer der drei jährlichen Sitzungen.

Eine Idee breitet sich aus

Das Modell des Hamburger Spendenparlamentes hat glücklicherweise viele Nachahmer im In- und Ausland gefunden. In folgenden deutschen Städten und Kreisen gibt es bis jetzt weitere Spendenparlamente:

Bad Oldesloer Spendenparlament
Gründung 08.02.1998, derzeit 155 Mitglieder
Unterstützung von Projekten gegen Armut, Obdachlosigkeit, Isolation in der Gesellschaft

Berliner Spendenparlament
Gründung 25.10.2007, eingebettet in eine Stiftung
Bisheriges Fördervolumen 2007 € 550, 2008 €2.050
2009 € 3.320

Bonner Spendenparlament
Gründung 20.05.2008
Unterstützung von Projekten gegen Armut, Isolation, Obdachlosigkeit und Förderung von Projekten für Integration, Bildung und Ausbildung junger Menschen, Verbesserung der Lebensbedingungen in der Stadt

Braunschweig

Celler Spendenparlament

Chiemgauer Spendenparlament
Hier werden Zuflüsse speziell aus einer Regionalwährung, dem Chiemgauer, generiert. Die Verteilung dieser Mittel wird über das Spendenparlament geregelt.

Spendenparlament Dithmarschen

Dortmunder Spendenparlament spenDObel
Gründung 2001, bisher wurden 81 Projekte mit ca.
€ 500.000 unterstützt.

Elmshorner Spendenparlament

Spendenparlament Flensburg und Umgebung
Gründung 1998, Unterstützung von 40 Projekten mit
ca. € 148.000.

Görlitzer Spendenparlament
Gründung 1998

Spendenparlament Hann.Münden

Spendenparlament Leipzig

Spendenparlament Lippe
Unterstützung von Projekten gegen Armut, Langzeit-
arbeitslosigkeit, private Überschuldung, Obdachlosigkeit und Förderung von Projekten zur sozialen
Integration von Benachteiligten.

Spendenparlament Lübeck
Gründung 08/2008

Spendenparlament Reinbek und Umgebung

Reutlinger Spendenparlament
Gründung 01/2000
Unterstützung von Projekten gegen Armut, Isolation,
Ausgrenzung. Bisher wurden 121 Projekte mit ca.
€ 345.000 gefördert.

Spendenparlament Salzgitter

Segeberger Spendenparlament / Bad Segeberg

Wolfsburger Spendenparlament

Würzburger Spendenparlament
Eingebettet in eine Stiftung, werden Projekte gegen Kinderarmut in Deutschland unterstützt.

Besonders auffällig ist die ungleiche Verteilung der Spendenparlamente in den verschiedenen Bundesländern. Hier ist ein deutliches Nord-Süd-Gefälle erkennbar. Während in der nördlichen Hälfte die Idee aus Hamburg relativ viele Nachahmer findet, ist in der südlichen Hälfte kaum eine Resonanz zu verzeichnen. Dagegen ist es bei den Nachahmern der Obdachlosenzeitungen und Tafeln völlig anders.

Die erste Tafel wurde 1993 in Berlin errichtet. Bundesweite Aufmerksamkeit erlangte die Idee aber erst durch die hervorragende Öffentlichkeitsarbeit in Hamburg, wo 1994 die Tafel aus der Taufe gehoben wurde.

Eine gleiche Entwicklung und Verbreitung ist bei den Obdachlosenzeitungen zu sehen. Die älteste Zeitung erschien erstmalig 1992 in Köln und breitete sich von dort aus.

Zur besseren Übersicht, ist die Verbreitung von Spendenparlamenten, Tafeln und Obdachlosenzeitungen schematisch dargestellt. Bezogen auf die Bundesländer ergibt sich daraus folgendes Gesamtbild:

Bundesland	Spenden-parlamente	Obdachlosen-zeitungen	Tafeln
Baden-Württemberg	1	2	133
Bayern	2	4	159
Berlin	1	4	1
Brandenburg	0	0	40
Bremen	0	0	1
Hamburg	1	1	4
Hessen	0	3	53
Mecklenburg-Vorpommern	0	1	27
Niedersachsen	5	4	96
Nordrhein-Westfalen	3	8	147
Rheinland-Pfalz	0	0	51
Saarland	0	0	10
Sachsen	2	1	34
Sachsen-Anhalt	0	1	28
Schleswig-Holstein	7	2	48
Thüringen	0	2	31
Summe	22	33	863

Das Modell des Hamburger Spendenparlamentes ist auch im europäischen Ausland auf Interesse gestossen. Mittlerweile gibt es Spendenparlamente in folgenden Ländern:

Österreich / Wiener Spendenparlament
Gründung im Herbst 1998
Bisher wurden 55 Projekte mit insgesamt € 162.000 gefördert. Der Mindestbeitrag als Spender beträgt jährlich € 75.

Belgien / Parlement Donateurs Bruxelles
Gründung 2002
Mit ca. € 73.000 konnten bisher 49 Projekte unterstützt werden.

Schweiz / Züricher Spendenparlament
Gründung 2006
Zielsetzung ist die Förderung von sozialen und kulturellen Integrationsprojekten und die Bekämpfung von Armut, gesellschaftlicher Isolation und Ausgrenzung. Die Mindestspende beträgt für Privatpersonen SFR 500 und für juristische Personen / Institutionen SFR 2.500. Bisher konnten 30 Projekte mit ca. SFR 400.000 gefördert werden.

Funktionsweise des Spendenparlamentes

Das Spendenparlament ist kein eigenständiger rechtsfähiger Verein. Die Idee des Spendenparlamentes ist vielmehr in einen Verein eingebettet. In den vorliegenden Spendenparlamenten hat diese Institution den Rang eines Vereinsorganes. Der Grundgedanke des Spendenparlamentes ist die Verteilung von Spendengeldern unter transparenten und demokratischen Spielregeln. Um diese Spenden unbelastet von Kosten verteilen zu können, bedarf es einer Basis, die vorab diese Servicearbeiten zuliefert. Hier bietet der Verein seine Leistung an und ist quasi Dienstleister gegenüber dem Vereinsorgan Spendenparlament. Der Verein regelt und organisiert auf Vereinskosten die Realisierung der Idee des Spendenparlamentes. Hierzu werden Spendenmittel, Sachleistungen, Zeitspenden, Sponsoren und bestehende Organisationsstrukturen von beispielsweise Kirchen aktiviert und eingesetzt. In Hamburg konnten folgende Leistungen über sogenannte Kooperationspartner realisiert werden:

- Versand, Druck und Kuvertierung von Einladungen
- Zurverfügungstellung von Büroräumen und Sitzungsräumen
- Fotoarbeiten
- Pressearbeit
- Werbung und Marketing
- Werbemitteldruck
- Dienstleistungen einer Werbeagentur

Über die Sponsoren ergab sich folgende Unterstützung:

- Lieferung von Gebäck
- Erstellung eines Werbespots
- Suchmaschinenkampagne
- Lieferung von Wein
- Finanzierung von Portokosten
- Erstellung von Plakaten

Eine Trennung von Mittelzuflüssen beim Verein einerseits und dem Spendenparlament andererseits ist unbedingt notwendig. Dies geschieht über die beiden verschiedenen Mitgliedschaften.

Am Beispiel des Hamburger Spendenparlamentes sind die Satzung des Vereines und die Geschäftsordnung des Spendenparlamentes in neutralisierter Form dargestellt. Platzhalter im Text sind *kursiv* gekennzeichnet und können im Einzelfall individualisiert werden.

Bei der Verwendung dieser Mustersatzung sowie der exemplarischen Geschäftsordnung für das Spendenparlament wird nochmals darauf hingewiesen, dass eine juristische sowie steuerliche Fachberatung dringend notwendig ist, um den aktuellsten Sachstand im Vereinsrecht zu berücksichtigen.

Vereinssatzung *Stadt* Spendenparlament e.V.

Präambel

1. Der Verein ist *Weltbild / Religiöse Ausrichtung* verpflichtet.
2. Der Verein unterstützt Initiativen und Projekte in *Stadtname*, die von Armut, Obdachlosigkeit und Einsamkeit/Isolation betroffenen oder bedrohten Menschen helfen. Gemeinnützige Körperschaften, die sich dieser Zielsetzung verpflichtet fühlen, können Anträge auf finanzielle Förderung durch das Spendenparlament stellen.

§ 1 (Name)

1. Der Verein führt den Namen "*Stadtname* Spendenparlament e.V."
2. Er ist in das Vereinsregister eingetragen.
3. Der Verein hat seinen Sitz in *Stadtname*.
4. Das Geschäftsjahr des Vereins ist das Kalenderjahr.
5. Der Verein ist *Verband / Dachorganisation* angeschlossen.

§ 2 (Zweck)

Zweck des Vereins ist die Förderung der Wohlfahrtspflege zur Bekämpfung von Armut, Obdachlosigkeit und Einsamkeit/Isolation in unserer Gesellschaft. Dieser Zweck wird verwirklicht durch das Werben und Sammeln von Spenden sowie die Beteiligung der Mitglieder des Spendenparlamentes an der zweckentsprechenden Verwendung und die Vergabe von Zuwendungen aus den Spenden an andere gemeinnützige Körperschaften, die Zwecke der Wohlfahrtspflege oder mildtätige Zwecke für Menschen in Armut, Obdachlosigkeit und Einsamkeit/Isolation verfolgen. Projektbezogene Spenden sind grundsätzlich nicht möglich.

§ 3 (Gemeinnützigkeit)

1. Der Verein verfolgt ausschließlich und unmittelbar gemeinnützige Zwecke im Sinne des Abschnitts „steuerbegünstigte Zwecke" der Abgabenordnung in der jeweils geltenden Fassung.
2. Der Verein ist selbstlos tätig; er verfolgt nicht in erster Linie eigenwirtschaftliche Zwecke.
3. Mittel des Vereins dürfen nur für die satzungsmäßigen Zwecke verwendet werden.
4. Die Mitglieder des Vereins sowie der Finanzkommission und des Spendenparlaments als Beirat erhalten keine Zuwendungen aus Mitteln des Vereins. Es darf keine Person durch Ausgaben, die dem Zweck des Vereins fremd sind, oder durch unverhältnismäßig hohe Vergütungen begünstigt werden.

§ 4 (Organe des Vereins)

Organe des Vereins sind
1. die Mitgliederversammlung,
2. der Vorstand,
3. die Finanzkommission,
4. das Spendenparlament als Beirat.

§ 5 (Mitgliedschaft)

1. Mitglieder des Vereins können nur natürliche Personen werden, die die Aufgaben des Vereins zu fördern bereit sind.
2. Die Aufnahme erfolgt aufgrund schriftlicher Anmeldung durch Beschluss des Vorstandes. Gegen einen ablehnenden Beschluss kann die Entscheidung der Mitgliederversammlung herbeigeführt werden. Es wird ein Mitgliedsbeitrag erhoben.
3. Der Vorstand kann Personen, die sich um den Verein besonders verdient gemacht haben, zu Ehrenmitgliedern ernennen. Diese haben die Rechte

eines ordentlichen Mitgliedes, sind jedoch von der Zahlung von Mitgliedsbeiträgen befreit.

§ 6 (Erlöschen der Mitgliedschaft)

1. Die Mitgliedschaft erlischt
1. durch Austritt,
2. durch Ausschluss,
3. durch Tod.
2. Der Austritt erfolgt durch schriftliche Erklärung gegenüber dem Vorstand. Er kann nur unter Einhaltung einer Frist von drei Monaten zum Schluss eines Kalenderjahres erfolgen.
3. Ein Mitglied kann ausgeschlossen werden
1. wenn es gegen die Ziele und das Ansehen des Vereins grob schuldhaft verstoßen hat,
2. wenn es trotz zweifacher Mahnung mit zehntägiger Frist und Ausschlussandrohung den Beitrag nicht entrichtet hat.
4. Über den Ausschluss entscheidet der Vorstand. Das betroffene Mitglied kann innerhalb eines Monats nach Zustellung der Entscheidung die Entscheidung der Mitgliederversammlung beantragen, welche dann endgültig über den Ausschluss durch Beschluss entscheidet.

§ 7 (Mitgliederversammlung)

1. Die Mitgliederversammlung tritt bei Bedarf, mindestens aber einmal jährlich auf Einladung des Vorstandes zusammen.
2. Den Vorsitz in der Mitgliederversammlung führt der Vorsitzende bzw. die Vorsitzende des Vorstandes oder dessen/deren Stellvertreter/in.
3. Die Mitglieder des Präsidiums des Spendenparlaments haben das Recht, mit beratender Stimme an den Mitgliederversammlungen teilzunehmen, auch wenn sie nicht Mitglieder des Vereins sind.

4. Über die Mitgliederversammlung ist eine Niederschrift durch eine/n von der Mitgliederversammlung gewählte/n Protokollführer/in anzufertigen.
5. Die Mitgliederversammlung wird unter Angabe der Tagesordnung zwei Wochen vor der Versammlung schriftlich einberufen. Sie ist einzuberufen, wenn die Einberufung von mindestens zehn der Mitglieder unter schriftlicher Angabe des Beratungsgegenstandes gefordert wird.
6. Die Mitgliederversammlung fasst ihre Beschlüsse in offener Abstimmung mit einfacher Mehrheit der anwesenden Mitglieder. Geheime Abstimmung kann mit einfacher Mehrheit beschlossen werden, wenn ein Mitglied dies beantragt.

§ 8 (Aufgaben der Mitgliederversammlung)
1. Die Aufgaben der Mitgliederversammlung sind insbesondere:
1. Beschlussfassung über die Grundsätze der Arbeit des Vereins, seine Weiterentwicklung sowie die Erweiterung und Einschränkung bisheriger Aufgaben,
2. Beschlussfassung über Richtlinien für die Vergabe von Zuwendungen an soziale Projekte und Einrichtungen,
3. Beschlussfassung über die Aufnahme oder den Ausschluss von Mitgliedern in den Fällen der §§ 5 und 6 der Satzung,
4. Beschlussfassung über die Geschäftsordnung des Vorstandes, sowie die Geschäftsordnungen für die Finanzkommission und für das Spendenparlament,
5. Beschlussfassung über die Höhe des Mitgliedsbeitrages für das folgende Kalenderjahr,
6. Wahl des/der Vorsitzenden des Vorstandes, seines/ihres Stellvertreters bzw. seiner/ihrer Stellvertreterin, des Schatzmeisters/der Schatzmeisterin und zwei weiterer Vorstandsmitglieder,

des/der Vorsitzenden der Finanzkommission und von drei weiteren Mitgliedern der Finanzkommission,

7. Bestätigung der Wahl der Vorsitzenden der Ausschüsse Büro- und Mitgliederbetreuung und Public Relations und Öffentlichkeitsarbeit,

8. Beschlussfassung über einen Vorschlag zur Wahl des Präsidiums des Spendenparlaments,

9. Wahl eines Abschlussprüfers/ einer Abschlussprüferin,

10. Beschlussfassung über die Jahresabrechnung,

11. Beschlussfassung über die Entlastung des Vorstandes,

12. Beschlussfassung über Satzungsänderungen,

13. Beschlussfassung über die Auflösung des Vereins,

14. Beschlussfassung über alle übrigen der Mitgliederversammlung durch die Satzung zugewiesenen Aufgaben.

2. Die Mitgliederversammlung fasst ihre Beschlüsse mit der einfachen Mehrheit der anwesenden Mitglieder. Beschlüsse über Satzungsänderungen sind nur wirksam, wenn sie mit der qualifizierten Mehrheit von 2/3 der anwesenden Mitglieder gefasst werden. Der Beschluss über die Auflösung des Vereins bedarf zu seiner Wirksamkeit der qualifizierten Mehrheit von ¾ aller Mitglieder des Vereins.

§ 9 (Vorstand)

1. Der Vorstand besteht aus dem/der Vorsitzenden, seinem/ihrem Stellvertreter bzw. seiner/ihrer Stellvertreterin, dem/der Schatzmeister/in, zwei weiteren Vorstandsmitgliedern sowie den jeweiligen Vorsitzenden der Ausschüsse Büro- und Mitgliederbetreuung und Public Relations und Öffentlichkeitsarbeit.

2. Der Vorstand hat eine Amtsperiode von zwei Jahren. Er bleibt solange im Amt, bis ein neuer Vorstand gewählt ist. Wiederwahl ist zulässig.

3. Die Vorstandsmitglieder müssen Mitglieder des Vereins sein.

4. Der Vorstand ist Vorstand im Sinne § 26 BGB. Der/die Vorsitzende oder der/die stellvertretende Vorsitzende und ein weiteres Vorstandsmitglied vertreten den Verein gemeinschaftlich nach außen.

5. Der Vorstand gibt sich eine Geschäftsordnung, die der Zustimmung durch die Mitgliederversammlung bedarf.

6. Über die Sitzungen des Vorstandes ist eine Niederschrift anzufertigen, in welcher die gefassten Beschlüsse enthalten sein müssen.

7. Die Vorstandsmitglieder sind ehrenamtlich tätig.

8. Der Vorstand tritt auf Einladung des/der Vorsitzenden so oft zusammen, wie das Interesse und die Zwecke des Vereins es erfordern. Auf Antrag von zwei seiner Mitglieder muss er unter Angabe des Grundes zusammentreten.

9. Der Vorstand kann im schriftlichen Verfahren beschließen, wenn alle Vorstandsmitglieder der Beschlussfassung im schriftlichen Verfahren zustimmen.

10. Der/die Vorsitzende der Finanzkommission sowie die Mitglieder des Präsidiums des Spendenparlamentes haben das Recht, mit beratender Stimme an den Sitzungen des Vorstandes teilzunehmen.

§ 10 (Aufgaben des Vorstandes)

1. Der Vorstand führt die Geschäfte des Vereins.

2. Der Vorstand führt insbesondere die Beschlüsse der Mitgliederversammlung sowie des Spendenparlamentes aus.

3. Der Vorstand bereitet die Mitgliederversammlungen vor und lädt zu den Mitgliederversammlungen ein. Im

Einvernehmen mit dem Präsidium des Spenden-parlamentes bereitet er die Sitzungen des Spendenparlaments vor.
4. Der Vorstand stellt die Jahresabrechnung auf und leitet diese zur Prüfung an den/die von der Mitglieder-versammlung bestimmten Prüfer/in weiter.
5. Der Vorstand bestimmt aus seiner Mitte ein Mitglied, in der Regel den/die Schatzmeister/in, welches er in die Finanzkommission entsendet.

§ 11 (Ausschüsse)

Zur Erledigung bestimmter Aufgaben der Geschäftsführung des Vereins werden ein Ausschuss für Büro- und Mitgliederbetreuung und ein Ausschuss für Public Relations und Öffentlichkeitsarbeit gebildet. Die Ausschüsse wählen sich ihre Vorsitzenden selbst. Die erfolgte Wahl bedarf der Bestätigung durch die Mitgliederversammlung. Die Vorsitzenden müssen Mitglieder des Vereins sein. Die übrigen Mitglieder der Ausschüsse brauchen keine Vereinsmitglieder zu sein.

§ 12 (Finanzkommission)

1. Die Finanzkommission besteht aus neun Mitgliedern.
2. Die Mitgliederversammlung wählt aus ihrer Mitte den/die Vorsitzende/n der Finanzkommission sowie drei weitere Mitglieder. Vier weitere Mitglieder werden vom Spendenparlament aus seiner Mitte gewählt. Die Finanzkommission wählt aus ihrer Mitte den/die stellvertretende/n Vorsitzende/n. Der Vorstand entsendet eines seiner Mitglieder in die Finanzkommission.
3. Die Mitglieder der Finanzkommission sollen über einen guten Überblick über die *Stadtname* Sozialarbeit sowie über Kenntnisse der Bedürfnisse von Menschen in Armut, Obdachlosigkeit und Einsamkeit/Isolation verfügen.

4. Die Amtsperiode der Finanzkommission beträgt zwei Jahre. Sie bleibt solange im Amt, bis eine neue Finanzkommission gewählt ist. Wiederwahl ist zulässig.
5. Die Finanzkommission tritt bei Bedarf zusammen und ist beschlussfähig, wenn mindestens fünf Mitglieder anwesend sind.
6. Die Beschlussfassung erfolgt mit einfacher Mehrheit.
7. Der/die Vorsitzende des Vorstandes und deren Stellvertreter/in haben das Recht, mit beratender Stimme an den Sitzungen der Finanzkommission teilzunehmen.

§ 13 (Aufgaben der Finanzkommission)
1. Die Finanzkommission prüft die beim Verein eingegangenen Anträge auf Zuwendung von Mitteln aus dem Spendenaufkommen des Vereins und erarbeitet Vorschläge zur Vergabe von Spendenmitteln als Vorlagen für die Beschlussfassung des Spendenparlamentes.
2. Über diese Vorschläge soll die Finanzkommission Einvernehmen mit dem Vorstand herstellen.
3. Der/die Vorsitzende oder ein anderes Mitglied der Finanzkommission begründen die vorher den Mitgliedern des Spendenparlamentes zugesandten Beschlussvorlagen in der Sitzung des Spendenparlamentes.
4. Die Finanzkommission gibt sich eine Geschäftsordnung, die der Zustimmung durch die Mitgliederversammlung bedarf.

§ 14 (Spendenparlament)
1. Das Spendenparlament besteht als Beirat des Vereins mit der Bezeichnung "*Stadtname* Spendenparlament" aus natürlichen Personen, die sich gegenüber dem Verein verpflichtet haben, eine jährliche Mindestspende von € *Betrag einsetzen* zu

leisten. Die Mitglieder des Spendenparlamentes werden in ein Mitgliederverzeichnis eingetragen.

2. Sie bleiben Mitglieder des Spendenparlaments bis zu ihrem jederzeit möglichen, ausdrücklich erklärten Austritt. Ein Mitglied des Spendenparlaments verliert die Mitgliedschaft, wenn es in einem Kalenderjahr/Geschäftsjahr die von ihm versprochene Spende nicht geleistet hat, durch Streichung aus dem Mitgliederverzeichnis.

3. In den Sitzungen des Spendenparlaments haben alle Mitglieder, die in dem Mitgliederverzeichnis aufgeführt und persönlich anwesend sind, Stimmrecht. Die Übertragung des Stimmrechts ist ausgeschlossen.

4. Die Beschlüsse des Spendenparlaments werden mit einfacher Mehrheit der anwesenden Mitglieder gefasst.

5. Das Spendenparlament wählt ein Präsidium. Das Präsidium besteht aus drei Personen (Präsidenten/innen). Das Präsidium wird auf Vorschlag der Mitgliederversammlung des Vereins aus der Mitte der Mitglieder des Spendenparlaments gewählt. Aus dem Plenum heraus können eigene Vorschläge zur Präsidiumswahl gemacht werden, wenn diese Kandidatur nach Vorstellung des Kandidaten von mindestens der Mehrheit der anwesenden Mitglieder des Spendenparlaments unterstützt wird.

6. Die Amtszeit des Präsidiums beträgt zwei Jahre. Das Präsidium bleibt solange im Amt, bis ein neues Präsidium gewählt ist. Wiederwahl ist zulässig.

7. Das Präsidium benennt zu Beginn der Sitzung des Spendenparlamentes eine/n Protokollführer/in. Die Beschlüsse des Spendenparlaments sind in einem Protokoll festzuhalten und zur Ausführung an den Vorstand des Vereins weiterzuleiten.

8. Die von der Mitgliederversammlung beschlossene Geschäftsordnung des Spendenparlamentes bedarf der Zustimmung durch das Spendenparlament.

§ 15 (Aufgaben des Spendenparlamentes)

1. Das Spendenparlament entscheidet durch Beschlussfassung über die von der Finanzkommission vorgelegten Anträge auf Vergabe von Zuwendungsmitteln aus dem Spendenaufkommen.

2. Änderungen oder Ergänzungen zu den Beschlussvorlagen aus der Mitte des Spendenparlamentes werden nur beraten und zur Abstimmung gebracht, wenn mindestens die Mehrheit der anwesenden Mitglieder des Spendenparlamentes die Änderungen oder Ergänzungen in die Beratung einbringen wollen. Das von der Finanzkommission zur Beschlussfassung vorgesehene Verteilungsvolumen darf dabei nicht um mehr als 20% überschritten werden.

3. Neue Anträge auf Vergabe von Zuwendungen aus der Mitte des Spendenparlaments sind an die Finanzkommission zur Prüfung und Wiedervorlage beim Parlament weiterzuleiten.

4. Anträge und Anregungen des Spendenparlaments zur Weiterentwicklung der Vereinsarbeit werden zur weiteren Beratung und Beschlussfassung durch die Mitgliederversammlung des Vereines an den Vorstand weitergeleitet.

§ 16 (Auflösung des Vereins)

1. Über die Auflösung des Vereins entscheidet die Mitgliederversammlung (§ 8 1 Nr.13 der Satzung). Falls die Mitgliederversammlung in dem Beschluss über die Auflösung des Vereines nichts anderes bestimmt hat, sind der/die Vorsitzende des Vorstandes und dessen/deren Stellvertreter/in gemeinsam vertretungsberechtigte Liquidatoren.

2. Das nach Wegfall steuerbegünstigter Zwecke oder nach Durchführung der Liquidation verbleibende Vermögen des Vereins ist unmittelbar und ausschließlich für gemeinnützige, mildtätige oder

kirchliche Zwecke zu verwenden. Hierzu ist das Vermögen einer Körperschaft des öffentlichen Rechts oder einer anderen steuerbegünstigten Körperschaft zu übertragen, die das zweckgebundene Vermögen bestimmungsgemäß zu verwenden haben.

3. Die vorstehenden Bestimmungen gelten entsprechend, wenn der Verein aus einem anderen Grund aufgelöst wird oder seine Rechtsfähigkeit verliert.

Die Geschäftsordnung des Spendenparlaments

§ 1 (Spendenparlament)

Das *Stadtname* Spendenparlament (im folgenden "Spendenparlament" genannt) ist laut Satzung des Vereins " *Stadtname* Spendenparlament e.v." als Beirat das Beschlussorgan des Vereins für die Vergabe von Fördermitteln für förderungswürdige Projekte, Verbände und Institutionen im Bereich von Armut, Obdachlosigkeit und Einsamkeit/Isolation in *Stadtname*, sofern die Träger dieser Projekte bzw. die Verbände und Institutionen ihrerseits als förderungswürdig vom Finanzamt anerkannt sind.

Für das Spendenparlament gelten insbesondere folgende Regelungen der Satzung des Vereins "*Stadtname* Spendenparlament e.v.":

§ 14 (Spendenparlament)

1. Das Spendenparlament besteht als Beirat des Vereins mit der Bezeichnung "*Stadtname* Spendenparlament" aus natürlichen Personen, die sich gegenüber dem Verein verpflichtet haben, eine jährliche Mindestspende von € *Betrag einsetzen* zu leisten. Die Mitglieder des Spendenparlamentes werden in ein Mitgliederverzeichnis eingetragen.

2. Sie bleiben Mitglieder des Spendenparlaments bis zu ihrem jederzeit möglichen, ausdrücklich erklärten Austritt. Ein Mitglied des Spendenparlaments verliert die Mitgliedschaft, wenn es in einem Kalenderjahr/Geschäftsjahr die von ihm versprochene Spende nicht geleistet hat, durch Streichung aus dem Mitgliederverzeichnis.

3. In den Sitzungen des Spendenparlaments haben alle Mitglieder, die in dem Mitgliederverzeichnis aufgeführt und persönlich anwesend sind, Stimmrecht. Die Übertragung des Stimmrechts ist ausgeschlossen.

4. Die Beschlüsse des Spendenparlaments werden mit einfacher Mehrheit der anwesenden Mitglieder gefasst.
5. Das Spendenparlament wählt ein Präsidium. Das Präsidium besteht aus drei Personen (Präsidenten/innen). Das Präsidium wird auf Vorschlag der Mitgliederversammlung des Vereins aus der Mitte der Mitglieder des Spendenparlaments gewählt. Aus dem Plenum heraus können eigene Vorschläge zur Präsidiumswahl gemacht werden, wenn diese Kandidatur nach Vorstellung des Kandidaten von mindestens der Mehrheit der anwesenden Mitglieder des Spendenparlaments unterstützt wird.
6. Die Amtszeit des Präsidiums beträgt zwei Jahre. Das Präsidium bleibt solange im Amt, bis ein neues Präsidium gewählt ist. Wiederwahl ist zulässig.
7. Das Präsidium benennt zu Beginn der Sitzung des Spendenparlamentes eine/n Protokollführer/in. Die Beschlüsse des Spendenparlaments sind in einem Protokoll festzuhalten und zur Ausführung an den Vorstand des Vereins weiterzuleiten.
8. Die von der Mitgliederversammlung beschlossene Geschäftsordnung des Spendenparlamentes bedarf der Zustimmung durch das Spendenparlament.

§ 15 (Aufgaben des Spendenparlamentes)
1. Das Spendenparlament entscheidet durch Beschlussfassung über die von der Finanzkommission vorgelegten Anträge auf Vergabe von Zuwendungsmitteln aus dem Spendenaufkommen.
2. Änderungen oder Ergänzungen zu den Beschlussvorlagen aus der Mitte des Spendenparlamentes werden nur beraten und zur Abstimmung gebracht, wenn mindestens die Mehrheit der anwesenden Mitglieder des Spendenparlamentes die Änderungen oder Ergänzungen in die Beratung einbringen wollen. Das von der Finanzkommission zur Beschlussfassung vorgesehene Verteilungsvolumen

darf dabei nicht um mehr als 20% überschritten werden.

3. Neue Anträge auf Vergabe von Zuwendungen aus der Mitte des Spendenparlaments sind an die Finanzkommission zur Prüfung und Wiedervorlage beim Parlament weiterzuleiten.

4. Anträge und Anregungen des Spendenparlaments zur Weiterentwicklung der Vereinsarbeit werden zur weiteren Beratung und Beschlussfassung durch die Mitgliederversammlung des Vereines an den Vorstand weitergeleitet.

§ 2 (Präsidium)

Das Spendenparlament wählt sich entsprechend des § 14, Absätze 5 + 6 der Satzung des Vereins ein dreiköpfiges Präsidium. Die Wahl erfolgt in offener Abstimmung per Stimmkarte. Falls ein Antrag auf geheime Wahl aus der Mitte des Parlaments gestellt wird, entscheidet das Spendenparlament mit einfacher Mehrheit über diesen Antrag.

§ 3 (Finanzkommission)

Das Spendenparlament wählt 4 der 9 Mitglieder der Finanzkommission aus seiner Mitte. Die Finanzkommission prüft die Anträge auf Zuwendung und erarbeitet Vorschläge zur Vergabe von Spendenmitteln als Vorlage für die Beschlussfassung durch das Spendenparlament.

Näheres zur Finanzkommission ist in den §§12 und 13 der Satzung des Vereins geregelt:

§ 12 (Finanzkommission)

1. Die Finanzkommission besteht aus neun Mitgliedern.

2. Die Mitgliederversammlung wählt aus ihrer Mitte den/die Vorsitzende/n der Finanzkommission sowie drei weitere Mitglieder. Vier weitere Mitglieder werden vom Spendenparlament aus seiner Mitte gewählt. Die Finanzkommission wählt aus ihrer Mitte den/die stellvertretende/n Vorsitzende/n. Der Vorstand entsendet eines seiner Mitglieder in die Finanzkommission.

3. Die Mitglieder der Finanzkommission sollen über einen guten Überblick über die *Stadtname* Sozialarbeit sowie über Kenntnisse der Bedürfnisse von Menschen in Armut, Obdachlosigkeit und Einsamkeit/Isolation verfügen.

4. Die Amtsperiode der Finanzkommission beträgt zwei Jahre. Sie bleibt solange im Amt, bis eine neue Finanzkommission gewählt ist. Wiederwahl ist zulässig.

5. Die Finanzkommission tritt bei Bedarf zusammen und ist beschlussfähig, wenn mindestens fünf Mitglieder anwesend sind.

6. Die Beschlussfassung erfolgt mit einfacher Mehrheit.

7. Der/die Vorsitzende des Vorstandes und deren Stellvertreter/in haben das Recht, mit beratender Stimme an den Sitzungen der Finanzkommission teilzunehmen.

§ 13 (Aufgaben der Finanzkommission)

1. Die Finanzkommission prüft die beim Verein eingegangenen Anträge auf Zuwendung von Mitteln aus dem Spendenaufkommen des Vereins und erarbeitet Vorschläge zur Vergabe von Spendenmitteln als Vorlagen für die Beschlussfassung des Spendenparlamentes.

2. Über diese Vorschläge soll die Finanzkommission Einvernehmen mit dem Vorstand herstellen.

3. Der/die Vorsitzende oder ein anderes Mitglied der Finanzkommission begründen die vorher den Mitgliedern des Spendenparlamentes zugesandten Beschlussvorlagen in der Sitzung des Spendenparlamentes.

4. Die Finanzkommission gibt sich eine Geschäftsordnung, die der Zustimmung durch die Mitgliederversammlung bedarf.

§ 4 (Sitzungen)

1. Das Spendenparlament tagt bei Bedarf, jedoch mindestens zweimal jährlich. Die schriftlichen Einladungen werden durch das Präsidium mit einem Vorlauf von mindestens 14 Tagen versandt. Die von der Finanzkommission zur Abstimmung vorgeschlagenen Anträge werden beigefügt.

2. Zu den Sitzungen sind durch gültige Stimmkarten ausgewiesene Mitglieder zugelassen. Gäste sind ausdrücklich willkommen, haben aber kein Stimmrecht.

§ 5 (Finanzbeschlüsse)

1. Das Spendenparlament hat für die Zeit zwischen zwei Sitzungen einen "Feuerwehrtopf" in Höhe von € *Betrag einfügen* bewilligt. Aus diesem Feuerwehrtopf kann in dringenden Fällen zwischen zwei Sitzungen Geld für Projekte, die keinen Aufschub dulden, bewilligt werden. Dieses Geld aus dem "Feuerwehrtopf" kann nur auf Vorschlag der Finanzkommission verwendet werden, wenn ein Antrag gemäß den Richtlinien (Vereinssatzung des *Stadtname* Spendenparlaments e.V. und der Geschäftsordnung der Finanzkommission) geprüft wurde und mit der Auszahlung des Geldes nicht bis zur nächsten Sitzung gewartet

werden kann. Über die Vergabe dieses Geldes entscheiden Vereinsvorstand, Finanzkommission und Präsidium einvernehmlich, wobei jedes Organ eine Stimme hat. Über die Vergabe des Geldes aus dem "Feuerwehrtopf" wird in der folgenden Parlamentssitzung von der Finanzkommission berichtet.

2. In jeder Sitzung berichtet der/die Schatzmeister/in oder ein anders Vorstandsmitglied des Vereines über den aktuellen Stand des Spendenaufkommens.

3. Vor der Beschlussfassung über neue Anträge berichtet der/die Vorsitzende der Finanzkommission oder sein/ihre Vertreter/in über die Arbeit der Finanzkommission.

4. Danach werden im Rahmen der für die jeweilige Sitzung von der Finanzkommission vorgesehenen Verfügungssumme die von der Finanzkommission geprüften und für beschlussfähig gehaltenen Anträge im Spendenparlament zur Debatte und Abstimmung aufgerufen. Die Abstimmung kann nur erfolgen, wenn ein Vertreter des Antragsstellers anwesend ist. Jeder Antrag ist von einem Mitglied der Finanzkommission vorzustellen und zu begründen. Ein Vertreter des antragstellenden Projektes kann zusätzliche Erläuterungen abgeben. Im Einzelfall kann auf Vorschlag der Finanzkommission und in Abstimmung mit dem Präsidium, die Vorstellung und Begründung des Antrages auch durch einen Projektvertreter erfolgen.

5. Auf Vorschlag der Finanzkommission und in Abstimmung mit dem Präsidium kann die Vorstellung und mündliche Begründung des Antrages bis zu

jeweils *Betrag einfügen* € entfallen. Über die Anträge wird jedoch einzeln abgestimmt.

6. Das Spendenparlament kann Veränderungen in der Verteilung der zur Verfügung stehenden Finanzmasse vornehmen, darf jedoch den Rahmen der für die jeweilige Sitzung vorgesehenen Gesamtmittel nicht um mehr als 20 % überschreiten.

7. Aus der Mitte des Spendenparlaments gestellte Förderanträge sind schriftlich an die Finanzkommission zu richten.

§ 6 (Berichterstattung)

Auf der ersten Sitzung des Spendenparlaments eines jeden Jahres berichtet der/die Vorsitzende des Vorstandes des *Stadtname* Spendenparlaments e.V. über das abgelaufene Jahr.

§ 7 (Ausschüsse)

Das Parlament hat die Möglichkeit, mit der Mehrheit der anwesenden Stimmen bei Bedarf Ausschüsse einzusetzen.

§ 8 (Inkrafttreten)

Die Geschäftsordnung tritt nach Beschlussfassung durch das Parlament, die mit der Mehrheit der anwesenden Stimmen erfolgen muss, in Kraft, wenn sie auch von der Mitgliederversammlung des Vereins gem. § 8 1 Nr. 4 der Vereinssatzung beschlossen wurde.

Politik & Co. entdecken die Idee für sich

Erfolgreiche Ideen bringen immer wieder Nachahmer auf den Plan. Hat jedoch die Ausprägung im Einzelfall noch etwas mit der Ursprungsidee zu tun? Der Begriff des Spendenparlamentes erzeugt aufgrund der guten Öffentlichkeitsarbeit gleich positive Verknüpfungen zu Begriffen wie „Mitbestimmung" und „Transparenz". Nachfolgend werden einige Nachahmungsversuche unter die Lupe genommen und kritisch betrachtet.

Deutsches Spendenparlament

Im Jahre 2002 gründete sich das Deutsche Spendenparlament mit Sitz in Hannover. Dieses „versteht sich als Kompetenzgremium für gute Taten". Ziele des Vereines sind die Förderung der Spendenbereitschaft sowie die Unterstützung von gemeinnützigen Projekten. Hier sind die Bereiche breit angelegt und umfassen unter anderem Umwelt- und Tierschutz, Gesundheit, Entwicklungshilfe, Kinder- und Jugendarbeit, Bildung und Erziehung, Altenpflege, Völkerverständigung, Verbraucherschutz, Wohlfahrt usw.. Mit einer Spende ab € 1.000 kann man Spendenparlamentarier werden. Es gibt maximal 100 Parlamentssitze. Daraus soll sich ein Spendenvolumen von € 100.000 bis € 250.000 jährlich ergeben. Jeder Spendenparlamentarier darf den Titel „Mitglied des Deutschen Spendenparlamentes (MdSP)" führen und erhält eine Urkunde. Außerdem darf das Logo des Vereins auf Visitenkarten und Briefpapier genutzt werden. Einmal jährlich gibt es die Sitzung des Spendenparlamentes, die „gesellschaftlichen Event-Charakter" hat. Über die Spenden entscheiden die Spendenparlamentarier. Projekte werden direkt an die Parlamentarier herangetragen. Dieser kann über seine eigene Spende direkt ein Projekt fördern und weitere Parlamentarier für seine Idee gewinnen. Die geförderten Projekte dürfen mit dem Logo des Deutschen Spendenparlamentes werben und das vordere Viertel der Projekte darf sich offiziell als besonders förderungswürdiges Projekt bezeichnen. Der Internetauftritt ist durch viel Prominenz geschmückt. Politiker, Unternehmer, Fernsehgrößen geben kurze Statements zur Idee und Arbeit des Deutschen Spendenparlamentes ab.

Bei näherer Betrachtung ergeben sich doch einige Bedenken. Die Homepage kümmert sehr intensiv um den Spender und zeigt diesem auf, welchen gesellschaftlichen Wert dieses Spendenparlament hat und mit wem man möglicherweise zusammentreffen kann. Um eine Unterstützung für sein Projekt zu erlangen, wird an die Spendenparlamentarier direkt verwiesen. Es gibt folgenden wichtigen Hinweis: „Bitte beachten Sie: Eine Förderung auf Antrag ist nicht möglich, wir bitten daher von der Übermittlung von Projektskizzen/-anträgen und Spendengesuchen abzusehen!" Dieses Procedere widerspricht eindeutig der Grundidee aus Hamburg und fördert die Hervorhebung des Spendenparlamentariers als „Projektpate". Eine Vorprüfung durch eine Kommission findet überhaupt nicht statt. Die Pressemitteilungen befassen sich schwerpunktmäßig mit allgemeinen Spendenthemen und der Gewinnung von Prominenz als Spendenparlamentarier.

Das bisher verteilte Spendenvolumen ist deutlich hinter dem jährlich angedachten Volumen von € 100.000 bis € 250.000 zurückgeblieben. Zum fünfjährigen Bestehen des Deutschen Spendenparlamentes wird in der eigenen Pressemitteilung auf die Förderung von bisher elf Projekten hingewiesen und für das laufende

Jahr wird ein fünfstelliger Eurobetrag für fünf weitere Projekte verteilt. In der aktuellsten Mitteilung wurden 2009 insgesamt € 11.000 für fünf Projekte verteilt. Die Organisation CharityWatch.de weist in seiner Beurteilung die Spendeneinnahmen als gering aus. Gleichzeitig wird die Kostenseite des Deutschen Spendenparlamentes kritisiert, die unangemessen hoch im Verhältnis zum Spendenaufkommen sei. Interessanterweise verweist die Homepage des Deutschen Spendenparlamentes auf renommierte Organisationen wie den Deutschen Spendenrat und empfiehlt bei den Informationen zur Auswahl des richtigen Spendenempfängers auf Qualitätsstandards wie das DZI-Spenden-Siegel zu achten. Selber führt das Deutsche Spendenparlament das DZI-Spenden-Siegel nicht. Über die Gründe kann spekuliert werden.

SPD

Die SPD in Wilmersdorf geriet 1999 in den Verdacht von Korruption. Hier war an einen Augenarzt eine Reihenuntersuchung vergeben worden. Dieser hatte zuvor für einen Spielplatz gespendet. Um solchen Verquickungen zukünftig zu entgehen, sollte ein Spendenparlament in Form eines Beirates Abhilfe schaffen. Der Spendenfluss aus der privaten Wirtschaft könnte somit transparenter gemacht werden. Es entstand eine Diskussion mit der CDU, die ein solches Ansinnen ablehnte. Die Verantwortung sollte bei den Bezirksverordneten bleiben. Über die Umsetzung eines Spendenparlamentes gibt es keine weiteren Informationen.

FDP

Unter dem Begriff Spendenparlament 09 warb die Partei um Spendenmittel. Als eine neue Initiative des Bürgerfonds sollte es um Transparenz und demokratische Beteiligung zur Finanzierung des Wahlkampfes gehen. Nach Anklicken des Buttons „Zum Spendenparlament 09" auf der FDP-Homepage geht es unter „Spenden konkret" zu folgenden Optionen:

„Mit einer 10 Euro Spende helfen Sie uns, ca. 250 Flyer zu drucken."

„ Mit einer 20 Euro Spende helfen Sie uns, ca. 120 Bierdeckel zu drucken."

„Mit einer 50 Euro Spende helfen Sie uns, ca. 25 Plakate zu drucken."

„Mit einer 100 Euro Spende helfen Sie uns, Plakat-Sets bestehend aus 3 Motiven à 40 Plakaten zu drucken."

Hier haben die Ursprungsidee aus Hamburg und die Idee der FDP keinerlei inhaltliche Gemeinsamkeit. Der Begriff wird lediglich für eine eigene Finanzierungsmöglichkeit benutzt.

Varianten des Spendenparlamentes

Neben den vielen Spendenparlamenten in Kommunen und Städten hat diese Idee auch Interesse in kleineren Organisationseinheiten gefunden. Einige Verbände und Vereine entwickelten eigene Ansätze. Im kirchlichen Umfeld gibt es sowohl auf der katholischen sowie auf der evangelischen Seite die Interessenten und Nachahmer. Diese Initiativen sollen nachfolgend kurz beschrieben werden:

Deutscher Guttempler-Orden/Distrikt Bremen e.V.
Der Verein hilft Alkoholkranken, Suchtgefährdeten und deren Angehörigen. Gegen eine Mindestspende von € 30 bzw. € 50 bei Paaren erwirbt man die Mitgliedschaft im Spendenparlament. Der Verein stellt seinen Spendern eine Schmuckurkunde aus.

Katholische Pfarrei St. Answer / Ratzeburg
Seit 2006 gibt es in der Gemeinde das „Freiwillige Kirchgeld". Die Zuflüsse sind ausschließlich für die eigene Gemeindearbeit gedacht. Zu Jahresanfang wird dann das Spendenparlament einberufen, wo jeder Ideen einbringen kann. Anschließend wird beschlossen, welche Projekte unterstützt werden. In der Vergangenheit profitierten hiervon die Caritas, Jugendfreizeiten und bauliche Maßnahmen. Seit 2006 konnten so bis zu € 17.000 für die Pfarrei eingeworben werden. Der Zufluss lag konstant bei ca. € 4.000 im Jahr, selbst das Krisenjahr 2008 erbrachte noch den Ertrag von € 3.230.

Evangelischer Kirchenkreis Bielefeld
Bereits 1996 gründete sich der Bielefelder Beschäftigungsfonds auf Initiative des Ausschusses „Kirchlicher Dienst in der Arbeitswelt und Gesellschaft". Damals stand ein Startkapital von DM 25.000 zur

Verfügung. Durch Personalkostenzuschüsse an Initiativen und Vereine sollen Arbeitsplätze erhalten oder geschaffen werden. Der Bielefelder Beschäftigungsfonds fördert die Arbeit für Frieden, Gerechtigkeit und den Schutz der Natur. In 2001 zeichnete das NRW-Arbeitsministerium die Idee im Wettbewerb „Zukunftsbrücke – Neue Wege ins Erwerbsleben" aus. Das Spendenaufkommen wird durch Spenden von Bürgern und Sammlungen in den Bielefelder Kirchengemeinden erzielt. Jährlich werden die Spendenmittel durch das Spendenparlament auf die Förderprojekte verteilt. Von 1998 bis 2004 kamen so ca. € 150.000 Spenden zusammen. Hierdurch konnten 41 Arbeitsplätze unterstützt werden. In 2005 wurden mit € 25.500 Spendenmitteln weitere 7 Arbeitsplätze gefördert.

Caritasverband Hannover
Um den caritativen Dienst in den Gemeinden ausbauen und unterstützen zu können, wurde auch hier ein Spendenparlament ins Leben gerufen. Die Mitglieder des Spendenparlamentes sind in diesem Fall jedoch die Pfarreien. Mit einem Anteil von € 250 wird ein Talent erworben. Jedes Talent hat im Spendenparlament eine Stimme. Hierdurch wird ein Zusammenhang von Spendenhöhe und Anzahl der Stimmen erzeugt. Als positive Nebeneffekte werden hier auch der Austausch von Ideen sowie die Bewertung der Projekte mit Verbesserungsvorschlägen gesehen. Die Förderung von Personalkosten ist ausgeschlossen. Pro Sitzung dürfen nicht mehr als 40% der vorhandenen Finanzmittel ausgegeben werden.

Zukünftige Möglichkeiten

Angeregt durch die gelebten Varianten des Spendenparlamentes sollte diese positive Idee weiter verfolgt und modifiziert werden.

Der erste Denkansatz geht in die Richtung der flächenmäßigen Verbreitung. Die Erfahrungen zeigen, dass sich bisher Spendenparlamente auf den lokalen und kommunalen Ebenen gebildet haben. Derzeit finden wir folgende Strukturmodelle bei Non-Profit-Organisationen vor:

- Internationale Verbände
- Nationale / Bundesweite Einrichtungen
- Bundeslandesweite Organisationen
- Landesverbände
- Kommunale Strukturen
- Lokale Sektionen

Nachfolgend ist zu prüfen, ob sich Spendenparlamente in allen diesen Strukturgrößen verwirklichen lassen.

Als zweiter Denkansatz kann die Zielsetzung des Spendenparlamentes differenziert werden. Bisher verfolgen die meisten Spendenparlamente das Ziel, Armut, Obdachlosigkeit, Einsamkeit und Isolation zu bekämpfen. In Zeiten immer knapper werdenden Kassen und fehlenden öffentlichen Mitteln, geraten auch die bisher als selbstverständlich empfundenen Angebote in unserer Gesellschaft unter Druck. Streichungen und Kürzungen in vielen gesellschafts-politischen Bereichen zugunsten von Wettbewerbs-fähigkeit in Zeiten von Globalisierung sind zunehmend festzustellen.

Nachfolgende Bereiche können für die Installation eines Spendenparlamentes interessant und sinnvoll sein:

- Kunst und Kultur
- Bildung für vielen Schichten
- Bibliotheken
- Museen
- Breitensport
- Demografische Veränderungen
- Traditionspflege
- Wissenschaft und Forschung
- Wissenstransfer zwischen den Generationen
- Friedensarbeit
- Umweltschutz
- Religionen
- Denkmalspflege

Die folgenden Betrachtungen beleuchten den ersten Denkansatz anhand der verschiedenen Strukturebenen. In diese Überlegungen werden Aspekte des zweiten Denkansatzes eingearbeitet. Hierdurch kann ein aktuelles Thema exemplarisch als Idee für eine andere Art von Spendenparlament genutzt werden. Die rechtlichen Rahmenbedingungen werden hierbei bewusst nicht berücksichtigt, da sie für den konkreten Einzelfall erst relevant werden.

Bundesweite Initiativen

Grundvoraussetzung für ein solches Vorhaben ist zunächst eine nationale bundesweite Ausdehnung der Gruppierung. Sofern eine strukturelle Unterverzweigung in Landesebenen oder kommunalen Ebenen besteht, ist zu prüfen, auf welcher Ebene das Spendenparlament seine größte Wirkung entfalten kann. Die zweite Voraussetzung ist, dass die potentiellen Spender selber auch eine bundesweite Ausrichtung haben bzw. die nationale Ebene des Spendenparlamentes nachvollziehen können. Eine Mittelhergabe wird nur immer dann erfolgen, wenn der Sinn und Zweck klar verständlich ist.

Aber auch kleine Organisationen können sich durchaus bundesweit aufstellen. Dies sei am Beispiel der Selbsthilfegruppe „CML bei Kindern" dargestellt. Bei CML (chronische myeloische Leukämie) gibt es bei den Kindern nur einen kleinen Betroffenenkreis von derzeit ca. 200 Kindern. Nur durch den bundesweiten Zusammenschluss als Selbsthilfegruppe kann die eigene Isolation und erste Hilflosigkeit durchbrochen werden. Ein Spendenparlament kann hier den Spenderkreis auf Bundes- und Landesebene verbreitern helfen. Die potentiellen Spender treffen später auf der oder den Sitzungen des Spendenparlamentes zusammen und können sich dort fachlich und strategisch austauschen. Antragstellungen auf Mittel erfolgen z.B. von betroffenen Familien, zusammengeschlossenen Kleingruppen mit sinnvollen Ideen und Denkansätzen oder von anderen kreativen Unterstützern. Hier wird zusätzlich neben der Mittelverteilung auch ein Know-how von den Antragstellern gewonnen. Dies nützt allen Betroffenen und eventuell auch den Spendern, sofern sie eine fachliche Verbindung zu diesem Thema haben. Dieser

Wissenstransfer kann kurz-, mittel- und langfristig helfen.

Ein weiterer Bereich ist durch die öffentliche Diskussion in den Blickpunkt geraten. Kinder von Hartz IV-Empfänger sollen besser in ihrer persönlichen Entwicklung gefördert werden. Dies soll durch kostenlosen Zugang zu Bildungs-, Kultur- und Sportangeboten erfolgen. Hierdurch werden zusätzliche Begehrlichkeiten bei anderen Gruppen geweckt, die jetzt auch diesen Zugang wünschen. Da dieses zusätzliche Angebot sicher nicht allein aus Steuermitteln finanziert werden kann, bietet ein breit angelegtes Spendenparlament eine interessante Finanzierungsmöglichkeit. Hier kann ein großes bürgerliches und gesellschaftliches Engagement aktiviert werden, indem auch Bereiche der Wirtschaft aktiv diese Idee unterstützen. Auf der Antragstellerseite kann sich ein kreatives Potential entfalten und eigene Ideen, Projekte, Veranstaltungen und Vorhaben entwickeln.

Bei bundesweiten Aktivitäten von Spenden-parlamenten wird der Technikeinsatz eine wichtige Rolle spielen, um das operative Tagesgeschäft zu bewältigen. Über das Internet kann die Vernetzung von Teilnehmern erfolgen, Online-Spendenportale erschließen zusätzliche Spender, Anträge für Vorhaben werden zum Teil online gestellt. Außer Frage bleibt jedoch die zwischenmenschliche Komponente, die bei dem Zusammentreffen des Spendenparlamentes und dessen Beratung notwendig ist. Eine Technisierung dieser Prozesse birgt ein kontraproduktives Potential, da persönliche Debatten und Diskussionen dadurch verhindert werden.

Ansätze auf Landesebene

Viele unserer Lebensbereiche sind durch räumliche Begrenzungen oder durch Bundeslandgrenzen von vornherein bestimmt. Traditionen und Brauchtum beschränken sich z.b. auf Volksgruppen; Verbände und Organisationen agieren oft auf Landesebene. Hierdurch finden Spendenparlamente automatisch ihre räumliche Einschränkung.

Im Jahr 2010 war das Ruhrgebiet geprägt durch die Kulturhauptstadt Essen. Die gesamte Region war über das ganze Jahr mit Aktivitäten eingebunden. Der positive Effekt in diesem Jahr war eine gute finanzielle Unterstützung durch öffentliche Geldgeber. Dies kam den zum Teil verschuldeten und überschuldeten Städten und Kommunen entgegen, die sonst keinen kulturellen Beitrag geleistet hätten. Das Land NRW hat pro Bürger € 2,-- dazugegeben. Die Resonanz der Bevölkerung und der Besucher aller Veranstaltungen und Angebote war derart positiv, dass nach einer Fortsetzung gerufen wurde.

Im Jahr 2011 fallen alle Städte und Kommunen wieder in den Zustand von 2009 zurück. Im Klartext heißt dies jedoch oft, dass keine Mittel zur Verfügung gestellt werden können. Eine Fortsetzung von Veranstaltungen und Kulturangeboten hat auch eine wirtschaftliche Dimension, da viele Dienstleister und Versorger mit eigenen Umsätzen an den Angeboten teilnehmen werden. Ein Spendenparlament mit dieser klaren Ausrichtung kann auf breiter Basis die Spender ansprechen und für diesen Fortbestand der Idee werben. Auf der Antragstellerseite wird es keinen Mangel geben. Alle schon Beteiligten aus 2010 werden weitere Planungen in der Hinterhand haben. Beflügelt von der positiven Stimmung können bisher unbeteiligte Museen, Vereine, Theater, Künstler und andere

Kulturschaffende neue Projekte und Ideen dem Spendenparlament vorstellen.

Im caritativen Bereich können großflächige, übergreifende Ansätze auf der Landesebene umgesetzt werden. Durch den Wegfall der Wehrpflicht wird es auch zukünftig weniger Zivildienstleistende geben. Dieser Mangel kann sich konkret vor Ort manifestieren, sollte aber nicht lokal gelöst werden. Da diese Problemstellung mehrfach lokal auftreten wird, ist ein grundsätzlicher Ansatz für die Zukunft auf einer höheren Ebene wie Bund oder Land sinnvoll. Neben dem Fortfall von „nachwachsenden" Zivildienstleistenden entsteht auf ein Finanzierungsproblem, da die eingesparten Steuermittel sicherlich woanders eingesetzt oder gestrichen werden. Das Spendenparlament kann hier in zweierlei Weise wirken. Einerseits ist die Einwerbung von Finanzmitteln bei Spendern ein Hauptaugenmerk des Vereins. Hier gilt es einen breiten gesellschaftlichen Konsens zu finden und alle potentiellen Spender zur dauerhaften Mitarbeit zu bewegen. Eine Kompensation der wegfallenden Zivildienstleistenden durch angestelltes Personal aus den laufenden Geschäftsbetrieben wird nicht machbar sein. Andererseits kann auf das Ideenreichtum von antragstellenden Gruppen und Initiativen gehofft werden. Vielleicht können so Denk- und Umdenkprozesse in Gang kommen, die bisher auf den eingefahrenen Pfaden des Systems nicht stattgefunden haben. Neben dem freiwilligen sozialen Jahr für alle Jugendliche werden aufgrund einer alternativen Finanzierungsform durch das Spendenparlament völlig neue Gestaltungen diskutiert und umgesetzt. Die Zusammenarbeit zwischen allen gesellschaftlichen Gruppen wie Wohlfahrtsverbänden, Kirchenorganisationen und anderen bürgerlichen Zusammenschlüssen findet auf einer neuen Basis statt.

Kommunale Varianten

In der Bundesrepublik leiden die meisten Kommunen unter einer permanenten Mittelknappheit. Durch immer weiter steigende Aufgaben und Ausgaben, die von Bund und Land auf die Kommunen übertragen werden, gehen die eigenen Spielräume im Finanzbereich zurück. Viele gesellschaftliche Aktivitäten in den Gemeinden sind durch freiwillige Zuwendungen der kommunalen Verwaltung ganz oder teilweise finanziert. Zunehmende Haushaltssicherungen und Analysen von Unternehmensberatungen zwingen oder fordern die Kommunen zur Mittelkürzung bzw. Mittelstreichung auf. Zusätzlich werden durch neue Denkmodelle immer wieder Finanzquellen von den Kommunen und Gemeinden ersonnen und meistens auch umgesetzt. Exemplarisch seien hier nur die „Bettensteuer" im Tourismussektor sowie Hallennutzungsgebühren oder Beteiligungen an Energiekosten der Sportvereine für Sportstätten genannt. Hier schwinden in den Gemeinden die Möglichkeiten, in einem Verein Sport zu treiben oder die Vereinsbeiträge müssten entsprechend steigen. Woanders geraten Museen, gesellige Vereine, Musikgesellschaften und bereits seit Jahren etablierte Kulturveranstaltungen in finanzielle Notlagen. Nicht selten werden Angebote für die Bürger und Bürgerinnen sowie auswärtige Gäste stark eingeschränkt angeboten oder ganz gestrichen.

Dieser „Verarmung" kann man nur mit bürgerlichem Engagement entgegentreten. Dies ist oftmals bei bemerkenswerten Einzelprojekten geglückt. Da sich die Situation auf lange Sicht nicht verbessern wird, sollte auch im kommunalen Bereich über die Etablierung eines Spendenparlamentes nachgedacht werden. Eine Installation ähnelt den bisher schon vorhandenen Einrichtungen, die sich mit den Themen

Armut etc. beschäftigen. Eine Konkurrenzsituation zu diesen sehr wichtigen Spendenparlamenten sollte auf jeden Fall vermieden werden. Vielmehr kann eine Zusammenarbeit Synergie-Effekte ergeben, wenn es um Verwaltung und Organisation geht. Das Angebot eines Spendenparlamentes in den Bereichen Sport und Kultur kann von den „Kunden" des anderen Spendenparlamentes z.B. kostenlos mit genutzt werden.

Die klassischen Spender sind natürlich die Bewohner der Gemeinde und alle vorhandenen Unternehmen und Freiberufler, die um Potentiale aus dem Umland verstärkt werden können. Das bürgerliche Engagement ist hier der Schlüssel zum Erfolg. Alle Bereiche der Kommune wie Sportvereine, gesellige Vereine, Parteien, Kultureinrichtungen, Museen, Kirchengemeinden, Kaufmannschaften, Handwerkerorganisationen, Standesvertretungen sind zur Mitarbeit aufgefordert.

Für die Verwendung der Finanzmittel werden auch hier vielfältige Bedürfnisse vorhanden sein, da aus der langen Phase der geringen oder schrumpfenden kommunalen Mittelzuwendung ein „Investitionsstau" entstanden sein dürfte. Zusätzliche neue Mittel wecken natürlich auch Wünsche. Die Anträge für neue Projekte und Ideen werden nicht lange auf sich warten lassen. Die Belebung der Gemeinde durch neue Aktivitäten und die Erhaltung bestehender Angebote sollte die positive Folge eines Spendenparlamentes sein.

Lokale Umsetzungen

Demokratisierungsprozesse machen auch in der kleinsten Einheit einen Sinn. Viele Vereine, insbesondere Sportvereine, bieten ihren Vereinsmitgliedern eine Vielfalt von Betätigungsmöglichkeiten an. Die Mitgliederstärke in den einzelnen Abteilungen ist naturgemäß nicht ausgewogen. Während z.B. Bereiche wie Fußball, Handball und andere Mannschaftssportarten stark nachgefragt sind, ist diese bei Abteilungen wie Tischtennis, Schach und Turnen eher gering. Jedoch jede dieser Abteilungen hat eigene, spezifische Bedürfnisse. Im normalen Vereinsbetrieb richtet sich die Mittelzuwendung meistens sehr stark nach der Abteilungsstärke und den damit verbundenen Mitgliedsbeiträgen. Kleine und vermeintlich uninteressante Abteilungen werden mit Finanzmitteln seltener bedacht. In der öffentlichen Wahrnehmung stehende Abteilungen profitieren von ihrem Erfolg und werden besser unterstützt.

Ein Spendenparlament in einem Verein kann durch die Gewinnung von Spendenmitteln die eigene Finanzbasis verbessern, denn in der Regel reichen die Mitgliedsbeiträge der Vereinsmitglieder nur für den Betrieb der Abteilungen aus. Weitere Investitionen werden in der Regel durch Spendenmittel und besondere Vereinsaktivitäten finanziert. Durch die Mitbestimmung der Spender können die Abteilungen mit ihren Anträgen auf sich aufmerksam machen und für ihr Anliegen werben. Die Mittelverteilung bleibt somit nicht mehr intern und entzieht sich hierdurch teilweise der Gewichtung durch die Abteilungsstärken und deren Mitgliederzahlen. Die Interessen der kleineren Abteilungen können somit gestärkt werden.

Chancen und Risiken

In diesem Kapitel werden die Pro- und Contra-Positionen beleuchtet, die mit den Gedanken um die Einführung bzw. Umsetzung eines Spendenparlamentes beachtenswert erscheinen.

Zuerst wird die Fundraising-Szene im In- und Ausland unter die Lupe genommen, um die Chancen und Risiken besser gewichten zu können. Dies beschränkt sich jedoch nur auf grundlegende Daten und Fakten und vermeidet Zahlenfriedhöfe.

Das Spendenparlament ist eines von vielen Fundraising-Instrumenten. Wie wichtig und notwendig ist es nun im Verhältnis zu anderen Möglichkeiten? Hat es eine Chance auf Dauer oder verpufft die Wirkung nach kurzer Zeit wieder?

Bei der Risiko-Beurteilung werden Erfahrungen aus bereits geschilderten Sachverhalten interpretiert und entsprechende Vorschläge als Denkanstöße unterbreitet.

Zusätzlich sind einige grundsätzliche Informationen zum Risikomanagement in Vereinen zusammengefasst. Hier kommt es leider immer wieder zu tragischen Verläufen und Situationen, die durch eine vorherige Diskussion im Vorstand des Vereines bei Gründung vermeidbar gewesen wären. Die Hinweise dienen einerseits der Existenzsicherung des Vereines sowie andererseits einer Haftungsbegrenzung für die Organe.

Fundraising im Ausland

Der Begriff Fundraising deutet schon darauf hin, dass die sprachliche Heimat der englischsprachige Raum ist. Er setzt sich zusammen aus „fund" (übersetzt mit Geldmittel, Schatz, Vermögen) und „raise" (übersetzt mit heben, erhöhen, aufbringen). Es geht hierbei also um die Mittelaufbringung. Diese Fundraising-Instrumente wenden die gemeinnützigen Einrichtungen selber an und/oder lassen sich von Profis in diesem Bereich unterstützen.

Viele Ideen des Fundraising kommen aus den USA zu uns. In den Bereichen des bürgerlichen Lebens werden Spendenmittel von verschiedensten Organisationen eingesammelt. Oftmals sind diese Geldquellen die wichtigsten Einnahmepositionen solcher Vereinigungen. Einen Schwerpunkt bilden hier die religiösen Institutionen. Da es in den USA keine Kirchensteuer gibt, müssen auf diesem Wege andere Finanzierungsmöglichkeiten erschlossen werden.

Im Durchschnitt spendet ein amerikanischer Bürger etwa 0,6% seines persönlichen Einkommens. Typisch für den amerikanischen Fundraisingsektor ist der stark lokale bzw. regionale Bezug des Spenders zum Fundraisingempfänger. In der Regel wird durch das bürgerliche Engagement ein Projekt oder eine Einrichtung der Gemeinde oder örtlichen Kirche unterstützt.

In den Medien erscheinen jedoch nur die publicity-wirksamen Initiativen oder Stiftungen von Groß-spendern. Im Ranking der wichtigsten Förderzwecke liegen diese Stiftungen erst auf Platz 3 hinter den Bereichen Religion und Bildung.

Generell herrscht in den USA eine unverkrampfte Haltung zum bürgerlichen Engagement. Der freiheitliche Grundgedanke und die eigenverantwortliche Organisation seiner Lebensumstände sind in den USA tief verwurzelt. Uns erscheint es befremdlich, dass die Einführung einer generellen Versorgung im Krankheitsfall durch die Regierung Obama in vielen Kreisen der amerikanischen Bevölkerung als Bevormundung empfunden wird.

Eine Problemstellung wird mit dem Antrieb „Why not!" angegangen und es finden sich schnell Gleichgesinnte, um die Idee voranzutreiben und Spendenmittel zu besorgen. Bei den Fundraising-Instrumenten ist hier immer wieder auffällig, wie viele Dinge im Namen von Organisationen, Schulen und Kirchen verkauft werden. Hier ist Merchandising ein absoluter Renner.

Betrachtet man die Herkunft der gegebenen Spendengelder, so fällt auf, dass ca. 75% der Mittel von Privatpersonen gegeben werden. Wirtschaftsunternehmen spielen mit ca. 5% eine untergeordnete Rolle.

Die o.g. Spendenmittel machen ca. 13% der Gesamteinnahmen einer Non-Profit-Organisation aus. Die restlichen Mittel entstammen aus dem öffentlichen Sektor mit ca. 30% und den sonstigen Entgelten mit ca. 57%. Das Fundraising stellt also auch in den USA nicht die Haupteinnahmequelle dar. Dennoch ist der Bereich des Fundraising in seiner Gesamtheit deutlich größer als in vielen anderen Ländern. In Europa sind vergleichsweise nur Spanien, Ungarn und Rumänien mit besseren Ergebnissen im prozentualen Anteil der Spenden zu den Gesamteinnahmen unterwegs.

Unsere eigene Situation

Das deutsche Spendenwesen hat eine bewegte Geschichte hinter sich. Ausgehend von einer stark kirchlich geprägten Spendenkultur verlor dieser Bereich durch Reformation, veränderte geringere Vermögensverhältnisse durch Einziehung von kirchlichem Vermögen zunehmend an Bedeutung.

Durch veränderte soziale und wirtschaftliche Verhältnisse erwuchs ein stärkeres bürgerliches Engagement. Im aufstrebenden 19. Jahrhundert gelangten vielen Unternehmer zu Reichtum und Wohlstand. Dieser wurde im Mäzenatentum gezeigt, indem Stiftungen gegründet oder große Spenden an Universitäten etc. gemacht wurden. Gleichzeitig wuchs auch der genossenschaftliche Gedanken heran, in dem ein gemeinschaftliches Helfen gelebt wurde. Der Selbsthilfegedanken entwickelte sich immer weiter; staatliche Unterstützung galt als Verletzung der Menschenwürde. Zu dieser Zeit war man stolz auf seine eigene Leistung im gesellschaftlichen Engagement.

Ein dramatischer Umschwung trat nach dem ersten Weltkrieg ein. Durch hohe Reparationen und eine zerstörte Industrie nach dem verlorenen Krieg gab es eine zunehmende Arbeitslosigkeit, Armut und Inflation. Der Wohlfahrtsstaat griff immer weiter um sich. Begünstigt durch politische Veränderungen hin zur Sozialdemokratie übernahm der Staat immer häufiger die Bereiche, um die sich früher private Initiativen gekümmert hatten. Im Dritten Reich wurde das Spendenwesen im Sinne von Zwangsspenden pervertiert. Einhergehend mit der zentralen Verwaltung wurden alle bestehenden Einrichtungen gleichgeschaltet.

Nach dem Zusammenbruch des Dritten Reiches und dem verlorenen zweiten Weltkrieg gab es in der neu gegründeten Bundesrepublik neue Ansätze. Als Empfänger von Spendenmitteln ist sicher noch die amerikanische Aktion der Care-Pakete in Erinnerung geblieben. Durch die massive Wirtschaftsförderung der jungen Demokratie durch die Westmächte kam es erstaunlich schnell zu einem Wirtschaftsaufschwung. Dieses Wirtschaftswunder hatte einen äußerst positiven Effekt auf die sozialen Sicherungssysteme. Der Wohlfahrtsstaat wurde in neuem Gewand fortgeführt und erzeugte über Generationen hinweg eine latente Anspruchshaltung auf soziale Leistungen im Bereich Arbeit, Renten, Gesundheit und Vorsorge.

Spendenmittel wurden vornehmlich für ärmere Länder der Dritten Welt eingesetzt. Schwerpunkte waren hier die Beseitigung von akuten Notlagen aufgrund von Naturkatastrophen sowie die Hilfe zur Selbsthilfe.

Nach Ölkrise, wirtschaftlichen Abschwüngen, Wiedervereinigung und Finanzmarktkrise bemerken wir zunehmend unsere eigene Bedürftigkeit. Leider ist über die Zeit der Erfahrungsschatz unserer eigenen Spendenkultur verloren gegangen. Im Gegensatz zum amerikanischen „Why not!" hört man bei uns sehr oft noch ein „Warum?" und es wird auf staatliche Hilfe gehofft und diese eingefordert.

Ein bundesdeutscher Bürger spendet durchschnittlich ca. 0,2% seines individuellen Einkommens. An den Gesamteinnahmen des Nonprofitsektors haben diese Spenden nur einen Anteil von ca. 3%. Über 64% der Mittel stammen aus dem öffentlichen Sektor. Insgesamt herrscht also noch ein gewaltiger Nachholbedarf für den Bereich der Privatspenden.

Bürgerliches Engagement stärken

Unsere eigene Geschichte zeigt, dass wir einmal ein funktionierendes, eigenständiges und bürgerliches Gemeinwesen hatten.

Dieses muss nun wieder entdeckt werden, wie es auch die Politik erkannt hat. Der Bundestag hat am 06.07.2007 das „Gesetz zur weiteren Stärkung des bürgerschaftlichen Engagement" verabschiedet. Nach Veröffentlichung im Bundesgesetzblatt ist es rückwirkend zum 01.01.2007 in Kraft getreten. Hierdurch wird das Gemeinnützigkeits- und Spenden- recht neu geregelt. Es soll eine starke Zivilgesellschaft entstehen und eine vom Staat unabhängige Solidarität wachsen.

Doch schon lange vor diesem Gesetz hat sich vielfältig bürgerliches Engagement etabliert. Beispielsweise gab es 1994 in Ergste/Schwerte eine Unterschriftenaktion mit mehr als 10.000 Unterschriften, um nach Schließung eines städtischen Freibades dieses als Bürgerbad zu erhalten. Aus dieser Initiative erwuchs das erste in NRW durchgeführte Bürgerbegehren. Seitdem wird das Bad fast ausschließlich von Spendenmitteln und ehrenamtlichem Engagement getragen. Bei dem Hochwasser vom 13.11.2010 entstand an der Technik des Bades ein Hochwasserschaden von € 50.000, der nicht versichert war. Bis Mitte Januar 2011 waren diese Mittel durch Spenden und kreative Sammelaktionen durch Förderer und Freunde des Bades zusammengekommen.

In allen Bereichen werden wir den Rückzug des Wohlfahrtsstaates erleben müssen. Die Mittellagen, insbesondere bei den Gemeinden und Kommunen, verschlechtern sich dramatisch. Dieser Zustand wird nach jetzigen Erkenntnissen dauerhaft bleiben und an Dramatik zunehmen.

Daher haben die Spendenparlamente absolut ihre Daseinsberechtigung. Sie bieten eine ideale Plattform zur Sammlung der bürgerlichen Bewegungen. Durch die breite Aufstellung können viele Spender- und Helferkreise erschlossen werden. Auf der Spenderseite kann eine große Vielfalt entstehen. Die Arbeitsweise vollzieht sich in der Öffentlichkeit und wird von dieser und den Medien positiv begleitet. Auf der gegenüberliegenden Antragstellerseite wird sich ein deutlicher Seismograf für Bedürfnisse entwickeln. Dieser zeigt direkt auf, was fehlt und wo es in der Gesellschaft hakt. Die Antragsteller werden die zu lösenden Notsituationen detailliert darstellen und ihre Forderungen und Wünsche konkret formulieren. Dadurch entsteht zwischen Spendern und Spendenempfängern/Antragstellern eine permanente Interaktion. Dieser Zugewinn an Wissen und Erkenntnis kann das gesellschaftliche Zusammenleben von „Gebern" und „Nehmern" dauerhaft positiv verändern. Beim Spendenparlament ist es ja nicht mit dem bloßen Hergeben von Mitteln getan. Der Spender wird zusätzlich noch in die Pflicht genommen, sich im positiven Sinne für seine Spende zu verantworten. Mit seinem Votum trifft er eine klare Entscheidung für einen Antrag. Diesem Antrag geht eine Diskussion über die unterschiedlichen Wünsche des Antragstellers voraus. Insofern musste sich jeder Spender auch in die Situation des Antragstellers hineinversetzen. Dieses Mitfühlen bewirkt eine dauerhafte Bewusst-seinsänderung beim Spender und führt hoffentlich zu einer permanenten Förderung des Spenden-parlamentes vor Ort. Diese Spender sind ideale Multiplikatoren für die Gewinnung neuer Spender.

Fehlentwicklungen vermeiden

In jeder guten Idee steckt leider auch das Potential von Zweckentfremdung für eigene oder andere Zwecke, wie es zum Beispiel George Orwell in seinem Buch „Farm der Tiere" treffend beschreibt. Also ist neben dem guten Willen auch die Selbst- und Fremdkontrolle ein wichtiger Bestandteil einer seriösen und langfristig erfolgreichen Betätigung eines Spendenparlamentes.

Generell fragwürdig sind Kreationen von Spendenparlamenten, die keinerlei gemeinnützigen Sinn haben und nur mit der Begrifflichkeit eigene Vorteile erzielen möchten. Solchen Entwicklungen kann man sehr schnell durch die Erzeugung von Öffentlichkeit und Anprangerung der Missstände begegnen.

Eine Schlüsselfunktion hat generell die Finanz-kommission des Spendenparlamentes. Hier laufen alle Anträge ein und werden nach bestimmten Kriterien vorselektiert. Eine komplette Dokumentation aller eingegangenen Anträge sollte ein genereller Standard sein, um späteren Vorwürfen entgegnen zu können. Sehr schwierig für die Finanzkommission ist natürlich das Abwägen der Förderwürdigkeit von Projekten. Die Mitglieder dieser Kommission tragen hier eine hohe Verantwortung und sollten aufgrund ihrer Biografie über eine entsprechende Reputation für dieses Ehrenamt verfügen. Eine Geschäftsordnung für die Finanzkommission könnte eine Entscheidungs-sicherheit ermöglichen, wenn darin schon fixe Vergabekriterien definiert sind. Hierin wäre eine Quotierung für bestimmte Bereiche wie Armut, Arbeitslosigkeit, Isolation in der Gesellschaft etc. denkbar, eventuell verbunden mit einer Maximalförderung für ein Einzelprojekt. Wichtig ist und bleibt die Berichterstattung der Finanzkommission gegenüber den anderen Organen wie Vorstand und Spendenparlament. Über die verteilten Geldmittel haben die Projekte der Finanzkommission Zwischenberichte, Sachstandsmeldungen und Schluß-berichte abzugeben. Ein wichtiger Punkt ist auch der Verwendungsnachweis der erhaltenen Mittel, um Missbrauch und Fehlentwicklungen zu verhindern. Konsequenterweise sollten bei offensichtlichem Missbrauch solche Projekte bzw. die damit verbundenen Einrichtungen und Initiatoren für zukünftige Anträge gesperrt werden. Damit ist nicht das Fehlschlagen von Ideen und Projekten gemeint, da dieses Risiko genau wie im Wirtschaftsleben latent vorhanden ist.

Ferner ist seitens des Vereins auf eine ausgewogene Spenderstruktur zu achten. Tendenzielle Ein-seitigkeiten können den pluralen Grundgedanken des Spendenparlamentes unterlaufen. Generell ist ein Höchstmaß an Transparenz innerhalb des Vereines sowie in der Öffentlichkeit wichtig. Fehlentwicklungen oder zweifelhafte Entscheidungen werden innerhalb kürzester Zeit in den Blickpunkt der Medien geraten und dann auch öffentlich angeprangert. Diese Art von Berichterstattung möchte keine Einrichtung haben und wird daher aus eigenem Interesse eine ausgewogene Selbstkontrolle installieren. Je nach Größe des Vereines und Spendenparlamentes kann man sich auch der Kontrolle durch externe Experten und Einrichtungen unterwerfen. Das Führen eines Zertifikates wie ein Spendensiegel etc. belegt, dass bestimmte Kriterien bei der Mittelverwendung oder im Bereich der Kosten eingehalten werden.

Risiken minimieren

Ein Thema von allgemeiner Gültigkeit für Vereine muss auch hier angesprochen werden. Im Vereinsalltag wird leider sehr häufig vergessen, die eigenen Risiken zu analysieren, abzuwägen und eine Handlungsentscheidung zu treffen. Denn Vereine agieren nicht im rechtsfreien Raum. Durch ihr Handeln können Schäden gegenüber Dritten oder dem Verein selbst entstehen.

Folgende exemplarische Schadenszenarien sollen die Brisanz verdeutlichen:

- Personenschäden gegenüber Dritten
- Sachschäden gegenüber Dritten
- Vermögensschäden gegenüber Dritten
- Haftung für Steuerschulden
- Verlust der Gemeinnützigkeit
- Nichtabführung von Sozialabgaben
- Falsch ausgestellte Zuwendungsbestätigungen
- Veruntreuung von Vereinsvermögen
- Verletzung des Datenschutzgesetzes
- Hackerangriffe
- Sachschäden am Vereinsvermögen
- Rechtsstreitigkeiten
- Diskriminierungsvorwürfe
- Unfälle

Diese Problemstellungen gehören leider auch zum Alltag des Vereinslebens. Neben der Haftung des Vereinsvermögens kann es auch zur Inanspruchnahme der Organe kommen, insbesondere ist hier der Vorstand im Blickpunkt. Er haftet gesamtschuldnerisch und darüber hinaus auch mit seinem Privatvermögen. Die Risiken können aber in den meisten Fällen minimiert werden. Die Versicherungswirtschaft hat hier auch für Vereine spezielle Deckungskonzepte entwickelt. Die unterbreiteten Angebote sind sorgfältig zu analysieren und zu vergleichen. Es ist auch zu überprüfen, welche Qualifikation der anbietende Vermittler hat. Die Themen sind sehr nah dem Bereich des Versicherungsschutzes für Unternehmen angesiedelt. Insofern ist die Beratung durch einen Spezialisten in diesem Bereich unabdingbar.

Über folgende Versicherungslösungen sollte im Vorstand des Vereines diskutiert werden:

- Vereinshaftpflicht
- Vermögensschadenhaftpflicht
- D&O (Directors & Officers) / Managerhaftung
- Vertrauensschadendeckung
- Inhaltsabsicherung
- Rechtsschutz
- Unfall
- AGG-Deckung (Allgemeines Gleichbehand-lungsgesetz)

Natürlich kosten alle diese Lösungen Geld, welches aus der Vereinskasse abfließt. Dies ist in einer Kosten-Nutzen-Analyse abzuwägen. Die Ergebnisse der Diskussion innerhalb des Vereines sollten protokolliert werden, um später im Schadenfall eine klare Grundlage zu haben. Denn tritt ein Schaden ein, sind im Nachhinein alle anderen Mitglieder klüger als der damals entscheidende Vorstand.

Fazit

Spendenparlamente sind sinnvoll und notwendig. Der Bedarf an neuen bzw. weiteren Spendenmitteln wird weiter steigen. Durch die transparenten und demokratischen Arbeitsmethoden entsteht eine hohe Akzeptanz in den etablierten und neu entstehenden Spenderkreisen.

Spendenparlamente sind ein basisdemokratisch angelegtes Fundraising-Instrument mit hervorragenden Zukunftschancen. Die Idee berücksichtigt das temporäre Engagieren in einer derzeit sehr hektischen Gesellschaft. Unkomplizierte Zugänge zu den Spendenparlamenten ohne viel Formalismus werden sich großer Beliebtheit erfreuen.

Spendenparlamente führen Geber und Nehmer enger zusammen, da sie sich miteinander beschäftigen müssen. Dieser Informationsgewinn und die Präzisierung der Bedürfnisse durch das Antragsverfahren sowie die permanente Sachstandsabfrage im laufenden Projekte vertiefen die gegenseitige Bindung.

Spendenparlamente fördern Eigeninitiative statt nach dem Wohlfahrtsstaat zu rufen.

Quellennachweis

Nach den Zitier-Richtlinien wurde aus folgenden Quellen zitiert:

Seiten 19 – 36
Die Satzung und Geschäftsordnung des Hamburger Spendenparlamentes wurde, wie auch von anderen Spendenparlamenten, als Basis genutzt. Eine Bearbeitung der Quelle fand insoweit statt, dass die Textfassung neutralisiert und für Dritte zukünftig nutzbar ist.

Seiten 37 – 38
Die Zitate entstammen der Homepage des Deutschen Spendenparlamentes.

Seite 40
Es wurden Texte der Homepage der FDP zitiert.

Seiten 41 – 42
Die feststehenden Begriffe und Arbeitstitel stammen von der Homepage des Evangelischen Kirchenkreises Bielefeld.

Literatur

Fundraising
Handbuch für Grundlagen, Strategien und Instrumente
Gabler-Verlag
ISBN 3-409-21672-3

Fundraising
Erfolgreiche Strategien führender Nonprofit-
Organisationen
Michael Urselmann
Verlag Paul Haupt
ISBN 3-258-06408-3

Betriebslehre der Banken und Sparkassen
Kasten/Bergmann/Richard/Mühlmeyer
Merkur Verlag Rinteln
ISBN 3-8120-0130-6

Vereine und Gesellschaften
Walther J. Friedrich
Beck-Rechtsberater im dtv
ISBN 3-423-05211-2

Adopt an Idea!
Christine Brinck (Hrsg.)
Edition Körber-Stiftung
ISBN 3-89684-032-0

Internetseiten

Spendenparlament.de
Oldesloer-Spendenparlament.de
Berliner-Spendenparlament.de
Bonner-Spendenparlament.de
Spendobel.de
Spendenparlament-Flensburg.de
Spendenparlament-Lippe.de
Reutlinger-Spendenparlament.de
Spendenparlament-Salzgitter.de
Spenden-sie.de
Spenden-Reinbek.org
Spendenparlament.at
Spendenparlament.ch
Parlement-Donateurs.org
Katholisch.de
Wikipedia.org
Spendwerk.de
Kiz-online.de
Ratzeburg.ansveruskreuz.de
Kirche-bielefeld.de
Guttempler.de
Berlinonline.de
Fdp-buergerfonds.de
Liberale.de
Charitywatch.de
Deutsches-Spendenparlament.de
Tafel.de

Eigene Notizen

Eigene Notizen